もくじ

はじめに …………………………………………………………………… 4

1章 ダイエットの危険性

📖 マンガ ダイエット習慣からぬけられない！ …………………………… 5

やせたら人生うまくいく!? ダイエットのきっかけ ……………………… 8

気をつけよう！ こんなダイエットは危ない！ …………………………… 10

まちがったダイエットによる心身への影響 ……………………………… 12

そもそも きみは本当に太っているの？ ………………………………… 14

成長曲線で確かめてみよう ………………………………………………… 16

正しい知識を身につけて 健康的なダイエットをしよう ……………… 18

食品の栄養素を知ろう ……………………………………………………… 20

朝ごはんをしっかり食べよう ……………………………………………… 22

間食を上手にとろう ………………………………………………………… 23

上手な置きかえ・くみあわせで健康を守ろう ………………………… 24

運動習慣を身につけよう …………………………………………………… 26

睡眠をしっかりとろう ……………………………………………………… 27

食べる時間を意識して タイムスケジュールを立てよう ……………… 29

2章 摂食障害ってなに?

- 📖マンガ 拒食と過食のくり返しに…… ……………………… 30
- 摂食障害になったきっかけ ……………………………… 32
- 摂食障害ってどんな病気? ……………………………… 34
- 摂食障害による心身への影響 …………………………… 36
- 自分が 摂食障害かもしれないと思ったら ……………… 38
- 友だちが家族が 摂食障害かもしれないと思ったら …… 39
- \きみは大丈夫?/ 摂食障害チェックリスト …………… 41
- 摂食障害の治療法 ………………………………………… 42
- 📖マンガ \その後のクルミさんは……/ 少しずつ「やせる」ことから解放されていった …… 44
- 相談先一覧 ………………………………………………… 46
- さくいん …………………………………………………… 47

★この本に登場するキャラクターの紹介★

フクミン
みんなに依存症について教えてくれるなぞのフクロウ。ときどきするどい発言をする。

ソウ
中学入学と同時にスマホデビュー。ゲームが趣味。自分は「依存症」とは無縁だと思っている。まじめな性格。

ツムギ
塾でエナジードリンクがはやっているので、試験前や緊張したときに飲んでいる。やさしい性格で心配性。

リン
部活をがんばっていて、最近はダイエットに興味がある。明るい性格でみんなのムードメーカー。

ヨウタ
流行などいろいろなことを知っていて、依存症についても少しだけ知識がある。明るくて元気な性格。

3

はじめに

みなさんへ

　みなさんは「依存症」というと、どんなイメージをもちますか？

　いわゆる覚醒剤や大麻といった違法ドラッグによる薬物依存をしている人を想像するのではないでしょうか。

　これもまちがいではないですが、ここ最近はSNSの普及により、「やせている＝美しい」という価値観が植えつけられ、過度なダイエットに走ってしまう人や、やせ願望から食行動に異常をきたす「摂食障害」をひきおこしてしまう人が増えています。摂食障害が依存症にあたるかの判断はむずかしいところがありますが、どちらも「やめたいのに、やめられない」という状態に陥ってしまうことがあり、「依存症的」な側面をもっています。

　この背景には、ダイエットにハマる子がなにか悩みや困りごとをかかえている場合が多いという現実があります。劣等感や孤立感、プレッシャーやさびしさ、あるいは、家族や現実世界の友だちとのトラブルに悩みながらも、だれにも助けを求めることができないまま、やせたら状況がよくなるのではないかと、心の問題を体重や体形の問題に置きかえてしまうのです。そういった子たちを、「特別な人」として見るのではなく、「困っている人」として手をさしのべ、信頼できる大人につなげることが大切です。本書はそういった困っている人にどのように手をさしのべたらよいのか、また自分自身が大きな悩みをかかえている場合、どのようにしたらよいのかを紹介しています。

　本書を通してまわりの困っている人への理解と、また自分自身を助ける知識を身につけていただけることを願っています。

先生がたへ

　摂食障害はなかなか自分自身では気がつきにくい病気です。そのためにも、学校の健康診断の結果で、児童や生徒のからだの成長に異変があることに気がついた場合は、すぐに保護者に知らせ、医師の診察を受けるようにすすめてください。症状がすすむと、からだの成長にも影響が出てしまい、将来にわたって苦しむこともあります。だからこそ摂食障害は予防と早期の発見がとても大切です。

　本書では、ダイエットだけが摂食障害の原因ではないことや、外見だけでは摂食障害かどうか判断ができない場合があることを紹介しています。先生がたにも子どもたちといっしょに、まずは摂食障害とはなにかを知ってもらい、正しい知識を身につけられるように、この本を役立てていただけたら幸いです。

国立研究開発法人 国立精神・神経医療研究センター
精神保健研究所 薬物依存研究部 部長
同センター病院 薬物依存症センター センター長

松本 俊彦

やせたら人生うまくいく!? ダイエットのきっかけ

やせるためのダイエットは、大人にとっても子どもにとっても関心の高いものです。
実際にダイエットをはじめた人は、どんなことがきっかけだったのでしょう。

CASE 1

▶Aさん
▶中学3年生

あこがれの人に近づきたかった

大好きなアイドルに少しでも近づきたくて、ダイエットをはじめました。その子は、とてもかわいくてスタイルもよいのですが、めちゃくちゃ努力してスタイルを維持しているって知って、私もがんばらなくちゃって思ったんです。ネットで検索すると、アイドルがとりくんでいるダイエット方法が紹介されていて、まねをしました。体重がへれば、私もその子みたいに、すてきになれる気がします。

CASE 2

▶Bさん
▶小学6年生

異性の友だちに体形のことをからかわれて

クラスの男子に「足が太い」って笑われて、それまでまったく気にしていなかったのに、その日から自分の体形がすごく気になるようになりました。親には「太ってなんかいない」といわれましたが、ごはんの量を半分くらいにへらし、おやつを食べるのもやめました。一時期、体重はへったけれど、おなかはすくし、すぐつかれてしまうし……。結局食べる量がもとにもどると、体重ももどりました。

> ダイエットの理由は人によってさまざま。
> 実際には太っていなくてもダイエットをはじめる人もいるよ。

CASE 3

▶Cくん
▶中学3年生

足が速くなりたくて……

　小学生のころから足が速いのが自慢で、中学では陸上部に入りました。1年生のときには大会で入賞もしたのですが、2年生になるとタイムがのびなくなってしまいました。
　ちょうどそのころ身長がのび、体重も増え、走るときにからだが重いと感じるようになっていたので、ダイエットをはじめました。食事をへらすと体重は落ちましたが、筋肉も落ちて、スタミナ切れを感じるようになりました。

CASE 4

▶Dさん
▶中学2年生

友だちにさそわれて

　友だちとダイエットの情報を集めたり、やせるというサプリを買って試したりしました。毎日、ダイエットの成果を報告して、はげましあいました。正直、自分はダイエットの必要性を感じていなかったのですが、友だちと同じ目的に向かってとりくむのが楽しかったです。クラスがえがあり、その子と話す機会もへったのですが、一度やせると、太るのがこわくなって、私のダイエットはつづきました。

SNSでやせ願望が増す

　現代はSNSを通じて、芸能人やモデルなど、あこがれの人の発信をかんたんに確認できます。一方、SNSにアップされた写真と自分を比較し、「自分は太っているのではないか？」「もっとやせたい」と考える人が増えています。
　SNSにダイエット後の写真をアップすると、「いいね！」などの高評価がつくことも、「もっとやせて認められたい」という気持ちにつながることがあります。

気をつけよう！ こんなダイエットは危ない！

世のなかにはダイエットに関する情報があふれています。
それだけ多くの人が、「やせたい」と思っているのかもしれません。
しかし、あやまった方法ではきれいになるどころか不健康になってしまいます。

特定の食品だけ食べる単品ダイエット

りんごなどの果物や、ゆで卵、豆腐、きのこ類やこんにゃくなど、1種類の食品のみ食べるというダイエット方法です。摂取エネルギーが少ないため、短期的に体重は落ちますが、栄養不足になり、からだをこわしてしまいます。1種類のものしか食べないので、ほかのものが食べたくなり、長つづきしません。

極端な食事制限

食事の回数をへらしたり、ごはんやパンといった炭水化物を食べないようにしたりするなど、極端な食事制限をするダイエットです。

食べる量をへらすと、体重は落ちますが、必要な栄養素がとれず、成長期の心身に深刻な影響をおよぼします。炭水化物をぬくと、脳のエネルギー源になる糖質が不足するため、集中力が落ち、勉強にも身が入らなくなってしまいます。

「ダイエット」とは、本来、健康を保つために、食事の量や種類を制限することをいうんだ。

ダイエットしようと思うと、すぐにごはんをぬくことを考えちゃう。

無理にやせようとすると、勉強にも影響が出るんだね。

サプリメント（サプリ）にたよる

「これを飲めばかんたんにやせる」といったサプリメントは、必ずしも安全性が保証された食品でないこともあるので、飲むとからだをこわす可能性があります。重度の肥満症の人が医師の指導のもとに使う肥満症の治療薬はありますが、医療的な治療の必要がない人がダイエットなどの目的に使ってはいけないことになっています。そのため一般的には、飲むだけでやせられる薬はないと考えましょう。

また、ビタミン剤などの栄養剤は食事の代わりにはなりません。栄養は食事でしっかりとり、サプリメントは補助的な役割として用いましょう。

あやしいものに手を出して、重い病気になってしまった人もいるんだって！

やせるために下剤を飲む

ダイエット目的で下剤（便秘薬）を使うのは大変危険です。便や水分を体外に出すことで一時的に体重がへることはありますが、それ以上の効果はなく、やせることはありません。

必要がないのに使用していると、自然に排便する機能がおとろえ、慢性的な便秘や下痢になることがあります。

リバウンドをくり返し、不健康なからだに

ダイエットに成功してもその状態を維持できず、あっという間にもとの体重にもどる、あるいはそれ以上に体重が増えてしまうことがあります。これを「リバウンド」といいます。

3食しっかり食べていた人が食べる量をへらしてしまうと、エネルギーとなるものがからだに入ってこないので、からだは自然と使うエネルギーをへらそうとします。そして、食べものがさらにへってしまったときにそなえ、エネルギーのもとになる脂肪をからだのなかにたくわえるようになります。こうした体質になってしまうと、食べる量をへらしてもやせなくなり、少しの量を食べても太りやすくなります。またダイエットの成功経験があると、「リバウンドしたらまたダイエットすればいいや」という考えになります。ダイエットで筋肉がへり、リバウンドで脂肪がたくわえられる、これをくり返していると、内臓に脂肪が蓄積され、生活習慣病※などの病気にかかりやすくなってしまいます。

※「生活習慣病」とは、食事や運動、睡眠など、毎日の生活習慣が原因となる病気のことです。がんや糖尿病など、多くの病気がふくまれます。

やせにくい体質からぬけられなくなるんだね。

まちがったダイエットによる心身への影響

「やせたい」と思ってはじめるダイエットですが、まちがった方法でとりくむと、からだや心の健康を損なうことがあります。実際にどんなことがおこるのでしょう。

抵抗力がなくなる

無理な食事制限をすると、必要な栄養素が不足し、からだにもともとそなわっている免疫機能が低下します。その結果、かぜなど、さまざまな感染症にかかりやすくなってしまいます。

肌が荒れる

肌の健康のためにはたんぱく質やビタミン、無機質などの栄養素を食べものからとる必要があります。過度なダイエットをすると、これら栄養素が不足し、肌が乾燥したり荒れたりする原因になります。

便秘になる

食事量をへらすと、便の量がへり、腸への刺激が弱まり、便が出にくくなります。また、食べものにふくまれる食物繊維や水分などが不足し、便がかたくなり、出にくくなってしまいます。

身長がのびにくくなる

10代のうちに栄養不足になってしまうと、筋肉や骨が成長せず、身長がのびにくくなります。成長期にバランスのとれた食事を心がけることが大切です。

やせても、肌荒れしたらイヤだなぁ。

身長、のびなくなったら困るなぁ……。

貧血になる

鉄はからだに吸収されにくく、通常の食事量でも鉄分不足になることがあります。食事制限をすると、さらに鉄が不足し、貧血をおこしやすくなり、めまいがしたり、つかれやすくなったりします。

思考力や集中力が低下する

炭水化物にふくまれる糖質は、脳がエネルギーとして利用する栄養素です。ごはんやパンなどの炭水化物がふくまれる食品をぬくと、脳に十分な栄養がいかず、思考力や集中力が低下してしまいます。

生理(月経)不順・骨粗しょう症に

短期間に急激に体重や体脂肪がへると、女性ホルモンが正しく分泌されず、生理(月経)が止まることがあります。また、骨が弱くなり、将来骨粗しょう症になってしまうおそれがあります。

まちがったダイエットは、からだにいいことがひとつもないんだ！

骨粗しょう症とは……

「骨粗しょう症」は、骨量(骨にふくまれるカルシウムやリンなどの無機質の量)がへって、骨がもろくなり、折れやすくなる病気です。骨粗しょう症になると、くしゃみやせきなどの軽い刺激でも骨折してしまうことがあります。

骨量は10代に増え、20歳ごろに最大骨量に達します。骨粗しょう症にならないためにも、10代のうちにカルシウムやたんぱく質などをふくむバランスのよい食事をとり、十分な運動をするようにしましょう。

くしゃみをしただけで骨折するなんて、こわいね！

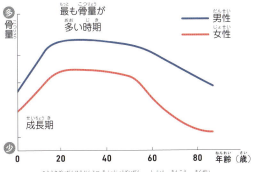

骨量の変化(概念図)

*このグラフは公益財団法人骨粗鬆症財団の資料を参考に作成したものです。

そもそも きみは本当に太っているの？

「友だちより背が低いのに、体重が同じ……」など、他人とくらべて気にしてしまい、ダイエットをしている人もいるでしょう。けれども10代はからだが大きく成長する時期です。自分が本当に太っているのかどうか、成長曲線で確かめてみましょう。

成長曲線とは？

「成長曲線」は、たくさんの子どもの身長と体重のデータを集め、男女別・年齢別にその平均の値を図にあらわしたものです。ここで紹介している成長曲線の基準図には7本の基準線（3、10、25、50、75、90、97パーセンタイル）があり、自分がどの基準線に近いのかを確かめることができます。

＊「パーセンタイル」とはデータを百等分したときに何番目かをあらわす数のこと。基準線の右はしに書かれた数値（3、10、25、50、75、90、97パーセンタイル）は、同じ性別・年齢の人が100人いた場合、身長の低いほう、または体重の軽いほうから数えて何番目かを示している。

自分の身長と体重が、平均からどのくらいの位置にあるのかがわかるように、7本の基準線を使うんだ。

なるほど！
これを使って自分がちゃんと成長しているか確かめることができるんだね。

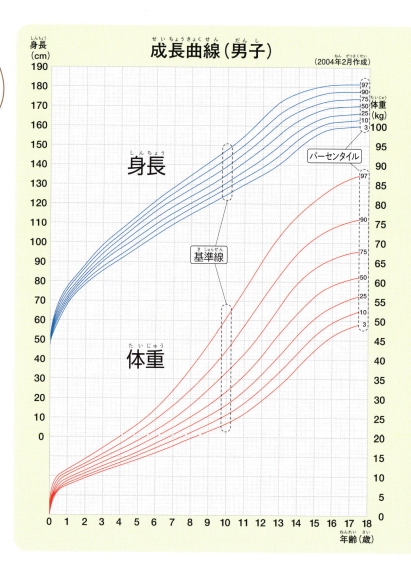

成長曲線の見かた

❶ 基準線の範囲を確認

下の女子の成長曲線を使って、13歳の女の子の場合を例に見てみましょう。一番下の3パーセンタイルの場合、体重は約33kg。一番上の97パーセンタイルの場合は約65kgになります。そのため約33～65kgのなかに自分の値が入っているかどうか確かめてみましょう。身長も同じように見て、約143～163cmのなかに自分の値があるかどうかを確かめます。

❷ 基準線に沿っているか確認

13歳の女の子で、身長が152cmの場合は、身長の成長曲線を見ると50パーセンタイルに近いことがわかります。体重も50パーセンタイルに近い約45kgくらいならよいバランスです。次の年もこの基準線に近いくらい（14歳のときに身長が約155cm、体重が約48kg）に成長していれば問題ありません。

〈 基準線からずれた例 〉

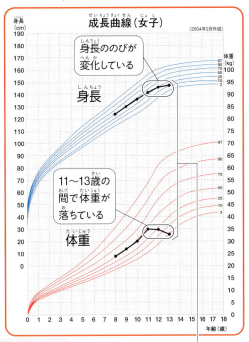

もしもこのように基準線から大きくずれている場合は、親（保護者）や養護の先生に相談してください。

10代は身長も体重もどちらも成長する大切な時期。基準線から大きくずれたりしていなければ大丈夫だよ！

★次のページの「成長曲線」で、健康的に成長しているか実際に確かめてみましょう。

成長曲線で確かめてみよう

★このページはコピーして使ってください。

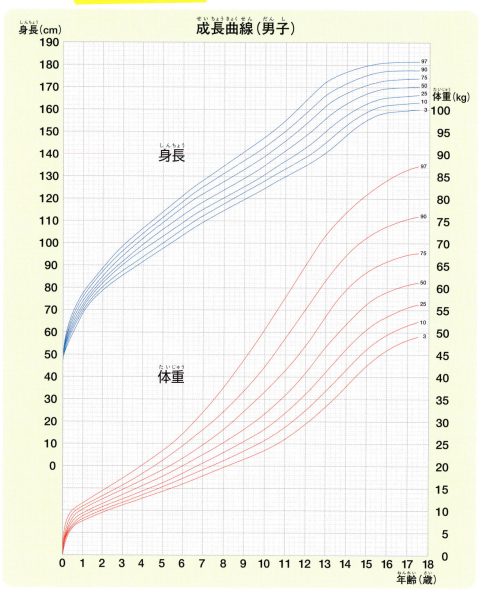

18歳以上はBMI（体格指数）で確かめよう

BMIは、世界中で使われている肥満度をあらわす指標で、身長と体重から、自分の肥満度がわかります。
計算式に自分の身長と体重の数値をあてはめて、計算してみましょう。

BMIを求める式
体重（kg）÷ 身長（m）÷ 身長（m） = ☐ BMI

BMI	判定
18.5未満	やせ
18.5以上25.0未満	標準
25.0以上	肥満

例）体重53kgで、身長158cm（1.58m）の場合
53 ÷ 1.58 ÷ 1.58 ≒ **21.23**

日本肥満学会では、BMIが22を適正体重（統計的に最も病気になりにくい体重）とし、18.5以上25.0未満を標準と定めています。

成長曲線の基準図に、年齢ごとの自分の身長と体重を点で書きこんで、線でつなぐと、成長の変化がわかります。過去の自分の身長と体重が知りたいときは、養護の先生に教えてもらいましょう。

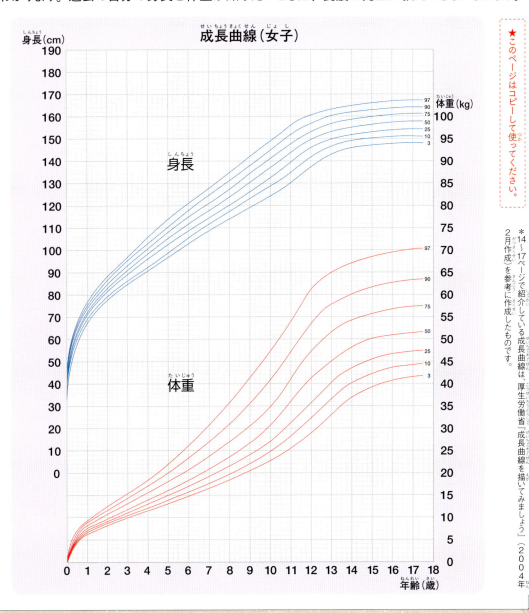

★このページはコピーして使ってください。

＊14〜17ページで紹介している成長曲線は、厚生労働省『成長曲線を描いてみましょう』（2004年2月作成）を参考に作成したものです。

体重が重いから肥満とはかぎらない

BMIは肥満をはかる目安になりますが、肥満とは、たんに体重が重いだけでなく、体内に脂肪がたまりすぎている状態をさします。筋肉は脂肪にくらべて重いので、筋肉質のスポーツ選手は、同じ身長の人とくらべて体重が重いことがありますが、ひきしまって見えます。見た目と体重はイコールではありません。体重にしめる脂肪の割合（体脂肪率）などがはかれる体重計でチェックしてみましょう。

17

健康的なダイエットをしよう

正しい知識を身につけて

「体重はちょうどよいけれど、太りたくない」「もう少しひきしめたい」など、ダイエットをしようと考えている場合は体重をむやみにへらすのではなく、正しい食事のとりかたを身につけ、美しく健康的なからだをめざしましょう。

食事のしかたを見直そう！

体重を落とす必要がある場合、たんに食事の量や回数をへらすのでは、かえって不健康になってしまいます。正しい食生活のポイントを見てみましょう。どれだけ守れているでしょうか。

ポイント① 3食、決まった時刻にとる

1日3食（朝、昼、晩）食べることによって、生きるために必要なエネルギーや栄養素をとることができます。食事をぬくと、間食を増やす原因となり、脂肪や糖分をとりすぎてしまう可能性があります。

また1回あたりの食事量も増え、体重もあわせて増えてしまうことにつながります。そうならないためにも、できるだけ決まった時刻に食べるようにし、規則正しい生活習慣を身につけることが大切です。

朝 7:00　昼 12:30　夜 18:30

夕食は、ねる3時間くらい前にはすませておこう。夜おそくに食べると、そのあとの運動量が少ないため、太りやすくなるんだ。

テスト前、夜中にカップラーメンを食べるのが好きなんだけど、からだによくなさそうだね。

ポイント② 自分に合った食事量を考える

食べる量が多すぎるのも少なすぎるのもよくありません。適切な食事量は、年齢や性別、活動量によっても変わります。10代は、ほかの年代以上に成長を支えるために栄養素をとる必要があります。

ポイント③ 間食を利用する

昼食と夕食の間など、時間が空きすぎるときには、間食をとることで食べすぎや、からだが体脂肪をためやすくなるのをふせぐことができます。ただし、栄養素のとりすぎにならないよう、食べるものや量には注意が必要です。（→23ページ）

スポーツをしている人としていない人では、食べる量も変わるよね！

ポイント④ 栄養バランスを考える

いくらからだによいからといって、それひとつだけを食べればよいという食品はありません。さまざまな種類の食べものから、いろいろな栄養素をバランスよくとることが大切です。どの食べものに、どんな栄養素がふくまれているか知っておくと、健康的な生活を送るのに役立ちます。（→20～21ページ）

ポイント⑤ 食べることに集中する

食事のときは、食べることに集中し、料理をよく味わいましょう。スマートフォンを見るなどの「ながら食べ」は、マナーが悪いだけでなく、食べた実感がうすく、満腹感が得られず、食べすぎにつながります。

マンガを読みながらおやつを食べていると、つい食べすぎちゃうものね。

食品の栄養素を知ろう

私たちが生き、活動し、からだをつくるために必要なのが、「栄養素」です。どんな栄養がふくまれているのかは、食品によってちがいます。栄養素にはどんなものがあって、からだのなかでどんなはたらきをするのか見てみましょう。

五大栄養素

健康を保つために必要な栄養素はおもに5つあり、「五大栄養素」とよばれています。どれも欠かすことができないもので、食事の量を極端にへらしたり、特定の食品しか食べなかったり、好ききらいをしたりすると、得られる栄養素がかたより、健康に影響をあたえます。

炭水化物

ごはんやパン、麺類、いも類、豆類などにふくまれ、からだを動かすエネルギーのもとになります。炭水化物がからだのなかで分解されてできるブドウ糖は、脳のエネルギー源になります。

脂質

バターや植物油、肉や魚の脂肪にふくまれ、からだを動かし、体温を保つエネルギーのもとになります。とりすぎると太る原因になりますが、不足すると体力が低下し、つかれやすくなります。

たんぱく質

肉や魚、卵、大豆、牛乳などにふくまれ、筋肉や皮膚、骨、血液などの材料になり、おもにからだをつくるはたらきをします。不足すると筋肉量がへり、体力が低下し、成長がさまたげられます。

無機質(ミネラル)

牛乳やチーズにふくまれる「カルシウム」、レバーや海藻にふくまれる「鉄」、しょうゆやみそにふくまれる「ナトリウム」などがあり、おもにからだの調子を整えるはたらきをします。

ビタミン

野菜、いも類、果物、魚介類などにふくまれます。ビタミンA、ビタミンCなど全部で13種類あり、炭水化物やたんぱく質のはたらきを助け、おもにからだの調子を整えるはたらきをします。

いくら肉に栄養があっても、肉だけ食べていては、だめなんだね。

必要な栄養素をすべてとるためには、いろいろな食材をバランスよく食べる必要があるんだ。

バランスのよい食事とは？

炭水化物を多くふくむ「主食」、たんぱく質や脂質を多くふくむ「主菜」、ビタミンや無機質（ミネラル）を多くふくむ「副菜」の3つをくみあわせて献立を考えると、栄養バランスがよくなります。

食事バランスガイドを参考にしよう！

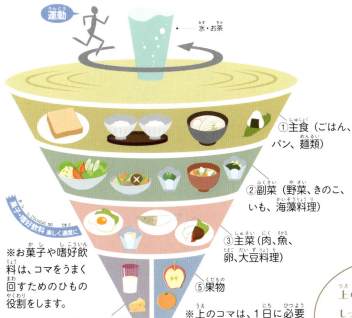

①主食（ごはん、パン、麺類）
②副菜（野菜、きのこ、いも、海藻料理）
③主菜（肉、魚、卵、大豆料理）
④牛乳・乳製品
⑤果物

※お菓子や嗜好飲料は、コマをうまく回すためのひもの役割をします。

※上のコマは、1日に必要なエネルギー量が約2,200±200キロカロリーの方の目安量を示したものです。

厚生労働省・農林水産省決定

「食事バランスガイド」は、一日に、「なにを」「どれだけ」食べたらよいか、コマの形のイラストでわかりやすく示したものです。「主食」「副菜」「主菜」「牛乳・乳製品」「果物」の5つに分かれています。

食事のバランスが悪くなると（たとえば主食が少なすぎたり、主菜が多すぎたりすると）、コマの形がいびつになり、コマのバランスがくずれてしまいます。

上のグループのものほどしっかり、でも、どのグループも欠かさず食べる必要があるのね。

食べるはやさ、順番にも気をつけてみよう！

おなかがペコペコなときに、高エネルギーのおかず（主菜）や、主食をはやいスピードで食べると、満腹感が得られる前に、必要以上に食べすぎてしまうことがあります。おみそしるやスープなどの汁物、野菜のおかずをまず先に食べてから、肉や魚などのおかず、ごはんなどの主食を食べてみましょう。

最初はおみそしるにしようっと！

朝ごはんをしっかり食べよう

朝ごはんは、一日を元気にスタートするための大切なエネルギー源！
朝、よいスタートを切れば、そのあとも気持ちよく過ごせます。
朝ごはんを食べると、よいことがたくさんあります。

脳とからだが目覚める

私たちのからだは、夜ねているときもエネルギーを使っています。朝ごはんを食べると、エネルギーが補給され、体温が上がり、脳とからだが目覚めます。

生活リズムが整う

朝ごはんを食べることで、「体内時計※」が調節され、一日の生活リズムが整います。朝ごはんを食べるために、よゆうをもっておきることも、規則正しい生活を送るのに役立ちます。

勉強に集中できる

ごはんやパンなどの炭水化物は、体内でブドウ糖に分解され、脳のエネルギーになります。朝ごはんをぬくと、ブドウ糖が不足し脳にエネルギーが送られず、集中力が低下したりイライラしたりします。

そのほかにも、朝ごはんを食べると、胃や腸が動きだし、お通じがよくなるんだ。

朝ごはんを食べることはとても大切なのね！

※「体内時計」とは、睡眠や体温、ホルモン分泌などのリズムをきざむ機能です。
体内時計が乱れると、不眠などさまざまな不調をひきおこします。

間食を上手にとろう

間食は栄養補給になるほか、つかれたときの気分転換にも役立ちます。
ただし、食べかたによっては肥満につながることも。
上手な間食のとりかたをおぼえて、間食を楽しみましょう。

間食のとりかたのポイント

間食の「量」「時間」「内容」の3点を意識すると、健康的な間食になります。

量

間食には、あまいお菓子やスナックを食べることも多いですが、これらは高エネルギーで、歯ざわりもよく、つい食べすぎてしまいます。一日に食べるお菓子の量は、200キロカロリー（kcal）以内におさめるのが適切といわれています。最初に皿に出すなど量を決めて、それ以上は食べないようにするとよいでしょう。

● 200kcalの目安
ポテトチップ 約1/2袋
せんべい 3～4枚
クッキー（小） 4～5枚
ショートケーキ 1カットの約1/2
どら焼き 1個
アイスクリーム（小カップ） 1個弱

誕生日などの特別な日に、ケーキ1カット食べるのはなんの問題もないよ。

市販のお菓子は、パッケージにあるカロリー表示を参考にできるね。

時間

ゲームなどなにかをしながらダラダラ食べると、食べすぎたり、虫歯になりやすくなったりします。また、次の食事時間の近くまで食べていると満腹になり、食事がとれなくなってしまいます。「3時から30分間」などと、時間を決めるようにしましょう。

内容（食べるもの）

果物やチーズ、ナッツ類などを間食にすると、食事で不足する栄養素をおぎなえます。ドライフルーツなど、かみごたえがあるものだと、少量でも満腹感が得られます。
塾や習い事などで夕食がおそくなるときは、小さなおにぎりやふかしたさつまいもなどを食べると、栄養的にもすぐれていて、腹もちもよいです。

気をつけていても、つい食べすぎちゃうこともあるよね。そんなときは次の日、おやつをひかえめにすれば大丈夫なんだって！

上手な置きかえ・くみあわせで健康を守ろう

コンビニやファストフード店は、手軽にお弁当を買ったり、昼食をとったりするのにとても便利です。これらのお店で食べものや飲みものを選ぶときにも、ほんの少し栄養について意識するだけで、ぐっと健康的になります。

置きかえでヘルシーに！

置きかえ① 糖分をふくんだ清涼飲料水 ➡ ミネラルウォーター、お茶

コーラやサイダーなどのあまい清涼飲料水には糖分が多くふくまれています。飲みすぎると肥満や生活習慣病の原因になるので、注意が必要です。とくにのどがかわいているときに飲むと、短時間に大量の糖分をとってしまいます。のどのかわきをいやすときには、糖分をふくまないミネラルウォーターやお茶にして、清涼飲料水を飲むときは、量を決めて楽しむ程度にしましょう。

コップ1杯分のあまい清涼飲料水には、約20gの糖分が入っているよ。これはスティックシュガー約4～5本分なんだ。

のどがかわいたときに、あまい飲みものをゴクゴク飲むのはよくないんだね……。

最近はミネラルウォーターのなかにもオレンジやピーチなどの味がついたものがあるけれど、糖分が多くふくまれているので、無糖のものを選んでね。

置きかえ② 洋菓子 ➡ 和菓子

洋菓子の多くは、砂糖、小麦粉、バター、生クリームなどでできていて、少量でも高カロリーです。一方、和菓子は砂糖が多く使われていますが、脂質が少なく、洋菓子にくらべ低カロリーです。ただし、たくさん食べれば和菓子も太りやすいので、食べる量には注意しましょう。

いちごショートケーキ 100g 314kcal
桜もち（関西風こしあん入り）100g 196kcal
シュークリーム 100g 211kcal
水ようかん 100g 168kcal

＊出典:『八訂 食品成分表2024本表編』（女子栄養大学出版部、2024年2月）より。

くみあわせでヘルシーに!

　コンビニなどで買うときも、なるべく栄養バランスがとれた食事になるように、くみあわせを考えましょう。21ページの「食事バランスガイド」のイラストを思い出して、「主食」「副菜」「主菜」が入るように工夫してみましょう。

くみあわせ 1
おにぎりと肉や魚などのおかず

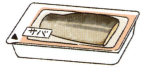

　おにぎりだけだと炭水化物にかたよってしまうので、具がツナや鮭などのものを選んだり、肉や魚の入ったおかずをくわえたりして、たんぱく質をおぎないましょう。コールスローやわかめスープなどもくわえると、ビタミンやミネラルがとれます。

くみあわせ 2
パスタとサラダ

　主食がミートソースのパスタなら、炭水化物とたんぱく質はとれますが、ビタミンが不足しています。野菜や海藻などのサラダを追加すると、栄養バランスがよくなります。

「メインのメニューを決めて、足りない栄養素を追加すればいいのね!」

「ポテト、大好きなんだけどなあ。」

くみあわせ 3
調理パンとスープ

　食事としてのパンには、菓子パンより、サンドイッチやおかずをはさんだ調理パン（惣菜パン）を選ぶとよいでしょう。野菜たっぷりのスープでビタミンを、牛乳やヨーグルトでカルシウムやたんぱく質をおぎないましょう。

くみあわせ 4
ハンバーガーとポテト（Sサイズ）、サラダ

　ファストフードのメニューは炭水化物、たんぱく質が多くなり、ビタミンが不足しがちです。野菜サラダなどがあれば、追加しましょう。油であげたポテトは高カロリーで、食べすぎると太りやすくなります。

「なにを買うかまよったら、ここで紹介しているくみあわせを思い出そう。」

運動習慣を身につけよう

太ってしまう原因の多くは、食べすぎか運動不足かのどちらかです。
多少食べすぎても、そのエネルギーを使っていれば太ることはありません。
運動＝スポーツととらえず、生活のなかで気持ちよくからだを動かす習慣をつけましょう。

運動がからだや心にあたえる効果

運動は、からだだけでなく、心の健康にも役立っています。

運動のおもなメリット
- 筋力・体力がつき、つかれにくくなる
- 骨が丈夫になる
- 太りにくくなり、生活習慣病の予防になる
- かぜなど、感染症にかかりにくくなる
- 質のよい睡眠がとれる
- 脳のはたらきが高まり、気分転換やストレス解消になる

スポーツは苦手なの……。

運動はスポーツである必要はないんだ。

日常生活でできる運動

特別なスポーツをしなくても、日常生活のなかでからだを動かしたりするのも立派な運動です。

さんぽ
つづけて20分以上歩くと、脂肪の燃焼の効果が高まります。
20分 34kcal

自転車に乗る
足腰を使い、筋肉がきたえられます。持久力も高まります。
20分 60kcal

家の手伝い
掃除機をかけたり、洗濯物を干したりしましょう。
20分 34kcal

草むしり
しゃがんだり立ったりして、全身運動になります。
20分 59kcal

階段を上る
積極的に階段を使えば運動不足の解消になります。
20分 17kcal

家の手伝いも運動になるんだね！

※中学1年生（女子、13歳）の平均体重、48.8kgで割りだした消費エネルギーの目安です。消費エネルギーの計算では小数点以下を切り捨てています。
ここで紹介している消費エネルギーは厚生労働省「健康づくりのための身体活動・運動ガイド2023」の生活活動のメッツ表をもとに計算したものになります。

睡眠をしっかりとろう

ダイエットをしているのになかなかやせない……という人は睡眠不足が原因かもしれません。睡眠不足が健康にあたえる影響は大きく、日中の活動量の低下や肥満につながります。睡眠不足がなぜ太りやすくなるのかを知り、質のよい睡眠がとれるよう見直しましょう。

睡眠不足は肥満の原因になる

十分な睡眠がとれないと、自律神経やホルモン（体内でつくられ、血液によって運ばれ、いろいろな器官のはたらきを調節する物質）のバランスがくずれます。エネルギー消費量の低下や食欲増進をまねき、結果、肥満になりやすくなってしまいます。

●自律神経のはたらきが乱れる

脳からの命令を内臓などに届け、からだの内臓機能が正常にはたらくよう調整する神経を「自律神経」といいます。自律神経には、日中のからだが活発に動くときにはたらく「交感神経」と、夜間のからだが休むときにはたらく「副交感神経」があり、交互にはたらくしくみになっています。

睡眠不足などから生活リズムが乱れ、この自律神経の切りかわりが乱れると、交感神経のはたらきが弱まりエネルギーの消費がへることから、しだいに体重が増えていくと考えられています。

規則正しい生活を送っている人

交感神経 → 副交感神経 → 交感神経

夜、ねむくなるとともに副交感神経が活発になる。

朝、目覚めるとともに交感神経が活発になる。

夜中まで起きている人

交感神経 → 副交感神経

夜おそくまでゲームをしている。

朝、目が覚めても交感神経が活発にはたらかず、からだがダルい。

●食欲を増進させるホルモンが増える

食欲を調整するおもなホルモンに、食欲をおさえるための「レプチン」と、食欲を強める「グレリン」があります。

睡眠不足になると、レプチンの分泌量がへり、グレリンが増えてしまいます。そのため、からだが空腹感を感じ、必要以上に食べてしまい、肥満につながりやすくなるのです。

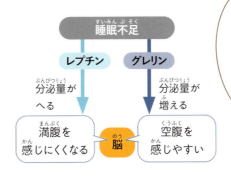

睡眠不足
- レプチン → 分泌量がへる → 満腹を感じにくくなる
- グレリン → 分泌量が増える → 空腹を感じやすい
- 脳

しっかりねている人にくらべ、睡眠不足の人は肥満になりやすいんだ。次のページで紹介しているぐっすりねむるためのポイントを見てみよう。

睡眠の大切な役割

睡眠には、日中活動してつかれた脳やからだを休養させて、疲労を回復させるはたらきがあります。私たちがねむっている間、からだのなかではメンテナンスがおこなわれており、脳や内臓、自律神経などの不具合を修復して、翌日の活動にそなえています。

疲労回復
脳とからだが休まり、つかれがとれます。

記憶の整理
学んだことを脳が整理して記憶に残します。

成長をうながす
からだを成長させるための成長ホルモンが出ます。

抵抗力が高まる
成長ホルモンによりからだ全体のつかれがとれ、細菌やウイルスに対する抵抗力（免疫力）が高まります。そのため病気にかかりにくい強いからだになります。

> ねむりについてから2〜3時間すると、「成長ホルモン」が分泌されるよ。ただ、ねむりが浅いとその効果が得られないから、深くしっかりねむれているかが大事なんだ。

ぐっすりねむるために

夜、自然なねむりにつくためには、生活習慣を工夫したり、ねる場所の環境を整えたりすることが大切です。ねつきが悪い人は、以下のポイントを確かめてみましょう。

スマートフォンなどの強い光を見たり、ゲームをしたりすると、脳が刺激され、ねむりにくくなります。

ねる2〜3時間前に入浴をすますと、体温が上昇してから下がり、自然なねむ気をひきおこします。

よい睡眠をとるために守りたいポイント！

- 毎日決まった時間にふとんに入る。
- ねる前にインターネットやテレビを見ない。
- ねる前にゲームをしない。
- 日中、からだをよく動かす。
- 部屋を暗くし、温度を調節する。
- ねる2〜3時間くらい前にぬるめのお風呂に入る。

> ベッドのなかでスマホ見るのはよくないのね……。

食べる時間を意識して タイムスケジュールを立てよう

★このページはコピーして使ってください。

決まった時間に食事をするためには、その前の行動が大切になってきます。
起床時間は……？　就寝時間は……？
健康的な生活のために、どんなスケジュールがよいか考えてみましょう。

※上のタイムスケジュールは一例です。

自分の生活に合わせて、タイムスケジュールを立ててみましょう

生活リズムを整えるために守りたいことのチェックリスト

- ☑ 朝食を食べるために、よゆうをもって起きる。
- ☑ 3食、決まった時間に食べる。
- ☑ 日中、からだを動かす。
- ☑ 夕食直前に間食を食べない。
- ☑ ねる2～3時間前に入浴する。
- ☑ 毎晩、決まった時間にねる。

カンペキじゃなくてもOK！少しずつ守れるものを増やそう。

29

2章 摂食障害ってなに？

摂食障害になったきっかけ

摂食障害は、食べることがコントロールできなくなる病気です。
摂食障害になった人は、どんなことがきっかけだったのでしょうか。

CASE 1

▶Eさん
▶中学3年生

ほんの少しやせて
かわいくなりたかっただけなのに

中学に入ったころからまわりの女の子たちが急におしゃれになり、自分の体形が気になるようになりました。太っていると、かわいい服も着こなせないと思い、ダイエットをはじめました。やせると、みんなに「かわいくなった」とほめられ、流行の服も自信をもって着られるようになりました。同時に、二度と太っていた自分にはもどりたくないと思い、ガリガリにやせても、食事制限をやめられなくなり、栄養失調でたおれてしまいました。

CASE 2

▶Fさん
▶高校3年生

体形をキープするために
はじめた嘔吐で……

5歳からバレエを習っていました。小学校高学年のころから体形が変わってきて、からだが重たく感じるようになりました。本当はきちんと食べて筋肉をつけ、体形をキープしなくてはいけないのですが、あるとき、吐いてしまえば太らずにすむんじゃないかと思いつき、それから、食べては吐くようになっていました。体力がなくなり、バレエをつづけられなくなっただけでなく、日常的な嘔吐のせいで歯がボロボロになってしまいました。

CASE 3

▶Gさん
▶小学5年生

給食の「食べ残しはだめ」というプレッシャーで……

　小さいころから少食で、学校の給食は、いつも時間内に全部食べることができず、苦痛な時間でした。4年生のとき、クラスで「食べ残しゼロ」のとりくみがはじまりました。私にはどうしても全部食べきることがむずかしかったのですが、クラスメイトから「もったいないと思わないの？」「あまえだよ」と責められ、無理して食べたところ、みんなの前で吐いてしまいました。そのときから、「また吐いてしまうかも？」という恐怖で、ものを食べること自体がこわくなってしまいました。

CASE 4

▶Hさん
▶中学3年生

受験勉強のストレスで過食に……

　中3になって、受験勉強をはじめましたが、成績が上がらず、両親にしかられ、自分でもモヤモヤしていました。ある日、塾のテストでひどい点数をとってしまい、もうどうでもいい気持ちになって、コンビニで菓子パンやスナックを大量に買って、ありえないくらいの量を食べてしまいました。
　自分の行動におどろきましたが、それ以来、イライラすると食べものを大量に買って食べる行為がやめられません。おこづかいでは足りないので、親の財布からこっそりお金をとってしまいました。

やせたいと思っていなかった人でも、摂食障害になることがあるんだね。

摂食障害は10代で発症する人が多く、心の問題が大きくかかわっているんだよ。

摂食障害ってどんな病気？

摂食障害は、「ふつうに食べる」ことがむずかしくなる病気です。
ダイエットをきっかけに発症することが多いですが、原因はさまざまで、
根底には心の問題があると考えられています。

摂食障害とは

内臓などに異常がないのに、食べる量が極端に少なくなったり、逆に極端に多くなったり、食べることに関して問題が生じる心の病気です。とくに10～20代の女性に多く見られますが、最近は男性の摂食障害も増えています。

摂食障害は大きく「拒食症」と「過食症」に分けられ、拒食症から過食症になったり、このふたつを交互にくり返したりする人も少なくありません。

拒食症

太ることへの恐怖から、食べられなくなる病気です。最初は軽い食事制限だったのが、しだいにエスカレートしていき、食事らしい食事がとれなくなります。体形に関して病的なこだわりをもつ人が多く、どんなにやせても、「自分がやせている」と思わなくなってしまうことがあります。

●拒食症によく見られる症状
- □食事の量が極端にへる
- □体重が極端にへる
- □自分が食べていいと思うものしか食べない
- □食後、無理に吐く
- □生理（月経）が止まる
- □体形は非常にやせている

過食症

自分の意思で食欲をコントロールできず、からだに悪い影響があるとわかっていても、食べるのがやめられなくなります。つねに食べもののことで頭がいっぱいになり、食べすぎたあとには、自分を責めたり、無気力になったりします。やせるために嘔吐したり、下剤を使用したりする人もいます。

●過食症によく見られる症状
- □満腹になっても自分の意思で食べるのをやめられない
- □食べすぎたことを後悔する
- □頭のなかが食べることでいっぱいになる
- □食べすぎたあとに無理に吐く
- □体形は正常、またはぽっちゃりしている

拒食症も過食症もどちらも「ダイエット」がきっかけで発症することが多いよ。
食べないことと、食べすぎることは正反対の行動に見えるけれど、
食べることにふりまわされ、ふつうの生活がむずかしくなる点では、同じだね。

摂食障害は心の病気

摂食障害に苦しむ人の多くが、体重や体形に強いこだわりをもっています。しかし、「やせたい」という気持ちは、摂食障害をひきおこすきっかけにすぎず、心にかかえるさまざまな問題が、食行動の異常としてあらわれると考えられています。

さまざまなきっかけから負のループに

摂食障害は思春期の女性が発症しやすい

日本における摂食障害の患者は増えており、とくに若い女性の割合が多いです。最近では小学校の高学年くらいから発症する場合も少なくありません。摂食障害の背景には、親との関係、まじめで繊細な性格、自己評価の低さなど、複数の要因が指摘されていますが、メディアや社会で共有されている「やせているほうが美しい」という価値観が、大きな影響をおよぼしているといってもよいでしょう。こうした価値観の植えつけをふせぐため、欧米では、やせすぎのモデルの活動を規制する動きがすすんでいます。

摂食障害による心身への影響

摂食障害は、からだにも心にも負担がかかる大変苦しい病気です。
日常生活や社会生活にも深刻な影響があります。
摂食障害がおよぼす影響は具体的にどんなものがあるでしょうか。

からだへの影響

必要な栄養がとれないことで、からだにさまざまな不調がおこります。

重症になると命の危険がある場合もあるんだ。

●貧血・めまい

極端な食事制限によって、体内の鉄分などが不足し、貧血がおこりやすくなります。

●脱毛する、体毛が濃くなる

ホルモンバランスがくずれることで、頭髪がぬけ、体毛が濃くなります。

●低体温・低血圧

体温が低くなり、厚着をしても寒く感じるようになります。

●肌が荒れる

栄養の不足で皮膚が乾燥して、シワができたり、肌荒れしたりしやすくなります。

●生理（月経）が来ない、止まる

卵巣のはたらきに影響が出て女性ホルモンの分泌がうまくいかず、生理が止まったり、将来妊娠しにくくなったりします。

●虫歯になる、歯がぬける

不規則な食生活や糖分のとりすぎで虫歯になりやすくなります。また嘔吐をくり返すことで、胃酸で歯がボロボロになったりします。

栄養不足で身長ものびにくくなるんだって。

歯がぬけるなんてこわい！

心への影響

摂食障害になると、脳に栄養がいきわたらず、思考が混乱したり、ゆがんだりします。また気分が落ちこんだり、不安な気持ちになったりし、そのほかの依存症もひきおこしやすくなります。

うつの気分からぬけ出したくなって、睡眠薬をたくさん飲んで薬物依存になってしまう人もいるんだ。また過食症により、おこづかいの範囲内で食べものを買うことができず、万引きをくり返してしまう人もいるよ。

日常生活・社会生活への影響

食べることにふりまわされ、ふつうの生活が困難になります。また、思春期に発症することが多く、治るまでに時間がかかるため、大切な時期に多くの時間が失われてしまいます。

●食べることしか考えられなくなる

生の野菜など、自分が決めたものしか食べなくなり、食べられるものが極端にへります。一日中食品のカロリーや体重のことを考えてしまいます。

●家族関係の悪化

体調を心配した家族と言い争いになったり、家族に対して攻撃的な態度をとってしまったりすることがあります。

●人間関係の悪化

食べることを楽しめないため、友人との外食が苦痛になり、誘いを断っているうちに、ひきこもりがちになり、社会的に孤立していくことがあります。

●勉強や仕事への影響

つねに食べることにふりまわされ、勉強や仕事に集中することができません。栄養不足がつづくと、脳にエネルギーがいかず、本来の能力が発揮できなくなります。

摂食障害は長期間にわたって、からだや心に影響が出やすいんだ。

赤ちゃんにも影響が出る

摂食障害の女性が妊娠した場合、早産（自然早産）をしたり、赤ちゃんが低体重で生まれたりするリスクもあります。低体重で生まれた赤ちゃんは、成人後に糖尿病などの生活習慣病を発症しやすいことがわかっています。

自分が摂食障害かもしれないと思ったら

摂食障害は、早く治療を開始すれば、それだけ早く回復します。
もしも自分が摂食障害かもしれないと思ったら、
勇気を出して、親や学校の養護の先生、スクールカウンセラーに相談しましょう。

健康診断で指摘されたら……

学校では、身長や体重などの健康診断の記録を保管しています。成長のバランスがくずれると、担任の先生や養護の先生がその異変に気づくことがあります。もし指摘を受けたら、すなおに耳をかたむけましょう。自分の状況や心配ごとを話すことも、問題解決の最初の一歩になります。

病院を受診しよう

摂食障害は、できるだけ早く医師の診察を受け、治療を開始することが大切です。かかりつけ医や小児科、内科、精神科などで相談しましょう。摂食障害を専門に治療している病院は、インターネットなどでも調べられます。

●どの診療科を受診すればよい？

かかりつけ医	よくみてもらっている医師がいる場合
小児科	15歳以下の場合
内科	16歳以上で体重が非常に減少している場合など
精神科・心療内科	うつや不安などの症状、自傷行為がある場合など
産婦人科・婦人科	生理（月経）が止まった状態がつづく場合など

地域の保健所や精神保健福祉センター（→46ページ）に相談すると、摂食障害に対応している病院を紹介してもらえるよ。

摂食障害の診断はどうやって下されるの？

医師は本人や家族からくわしく話を聞きます。次に血液検査などをおこない、摂食障害に似た症状の出る、ほかの病気ではないことを確認します。ほかの病気でないことが確認できたあと、診断を下します。

問診	体重の変化や食事内容、自分の体形について思っていることなどが聞かれます。
身体チェック	身長、体重、血圧を測定します。心電図検査や血液検査をすることもあります。
診断	ほかの病気の可能性を検討したあと、病名・重症度などが確定します。

友だちが家族が摂食障害かもしれないと思ったら

摂食障害はだれがなってもおかしくない、身近な病気です。
大切な友だちや家族がなる可能性もあります。
そんなとき、どんなふうに接したらよいでしょうか。

友だちの場合

友だちのことが心配でも、体形のことを話したり、もっと食べるようにすすめたりするのは、逆効果になることがあります。

摂食障害は専門的な治療が必要な病気です。治療は専門家にまかせ、病気を理解して、友だちとして寄りそい、必要なときにそっと手をさしのべられるようになりましょう。

してはいけないこと ✗

- ✗ 「スタイルがよくなった」「スリムになった」など、見た目のことを話題にする。
- ✗ 食事の量や、食べもののカロリー、体重などについて話す。
- ✗ 病院に行っているかどうかなどを聞く。
- ✗ 体調や治療のことを無理に聞く。
- ✗ 自分が治してあげようと使命感を燃やす。

するとよいこと

- ○ インターネットや本から摂食障害について正しい知識を得て、理解を深める。
- ○ 外見ではなく、相手の内面（考えかた、やさしさ、努力など）をほめる。
- ○ 友だちが話をしやすい雰囲気をつくる。
- ○ 友だちから悩みを打ち明けられたら、じっくり耳をかたむける。
- ○ 病気の症状と友だちを切りわけて考え、自然体で接する。
- ○ 友だちが自分のペースで回復できるよう見守る。

「やせてきれい」「やせすぎでよくない」どちらも、いってはいけないんだね。

友だちのことが心配でも、あせって、あれこれ本人にはたらきかけないほうがいいのね。

友だちの体調が悪そうなときや、治療を受けていないようなときは、養護の先生に相談してみよう。

家族の場合

摂食障害になって、極端にやせてしまっても、本人は病気だと思っていないことがあります。家族が発見し、早く治療につなげることが大切です。まようことがあったら、専門機関に相談してみましょう。

> **摂食障害の情報を知りたいときや病院での治療を相談したいときは**
>
> 「摂食障害全国支援センター」では、情報ポータルサイトから摂食障害の正しい知識を学ぶことができます。また、実際に治療の相談をしたいときは摂食障害「相談ほっとライン」や、自分が住む地域の「保健所」や「保健センター」、「精神保健福祉センター」に電話相談をすることができます。
>
> ＊「摂食障害全国支援センター」、「精神保健福祉センター」のくわしい情報は46ページへ。

支える家族が元気でいるためにも、家族だけで解決しようとせず、専門機関に相談することが大切だよ。

病気を理解しよう

摂食障害の人は家族に対して自己中心的にふるまったり、攻撃的な態度になったりすることがあります。

こうした行動は、病気による影響が大きいことを理解し、医師の意見をいかしたサポートにつとめましょう。

心配しているのに、攻撃的な態度をとられたり、ケンカになったりしたら、病気の症状だとわかっていても悲しくなってしまうね。

本人に病気の自覚がないので、このような行動に出てしまうこともあるんだ。

摂食障害チェックリスト

きみは大丈夫？

自分は摂食障害なのかな……と思った人もいるのではないでしょうか。
下の質問を読んで、あてはまるものにチェックしましょう。

＊ここでは拒食症、過食症の患者さんに見られる特徴をとりあげています。

★このページはコピーして使ってください。

- ☐ 体重・体形への関心が高い。
- ☐ 体重が増えることがこわい。
- ☐ 食事の量をへらすことがある。
- ☐ 自分でコントロールできず、一度にたくさん食べてしまうことがある。
- ☐ たくさん食べたあと、食べたものを吐いたり、食事をぬいたり、たくさん運動したりする。
- ☐ やせている。
- ☐ まわりから「やせている」といわれても、自分は「太っている」と感じてしまう。
- ☐ 体重が気になって、一日に何度も体重計に乗ってしまう。
- ☐ カロリーや体重のことでつねに頭がいっぱいになる。
- ☐ カロリーが低い食べものを中心に食べ、炭水化物などは避けてしまう。

- ☐ 人と食事をするのがイヤだ。
- ☐ つねに動きつづけていないと心配になる。
- ☐ 食費がかかり、おこづかいでは足りなくなってきている。
- ☐ 部活や勉強に集中できない。
- ☐ なにをするのもおっくうで、友だちづきあいもへった。
- ☐ 生理（月経）が来ない、不順になった。
- ☐ 手足が冷えやすい。

摂食障害の治療はとても時間がかかるんだ。だからこそ予防と早期の発見が大切だよ。

★気になるサインや症状が複数あったら、摂食障害全国支援センターの「相談ほっとライン」や精神保健福祉センターなどの専門の相談窓口（→46ページ）に相談しましょう。

＊このチェックリストは「摂食障害情報ポータルサイト」の「摂食障害について セルフチェック」を参考に作成したものです。

摂食障害の治療法

摂食障害は治療をすれば必ず治る病気です。医療機関ではからだと心の両面から治療します。回復には、本人の「治りたい」「治したい」という意欲がなにより大事です。

病院での治療

まずは身体症状をへらすための治療をおこないます。その後、カウンセリングなど、からだと心の治療を並行しておこなっていきます。通院による治療が一般的ですが、症状によっては入院治療になることもあります。

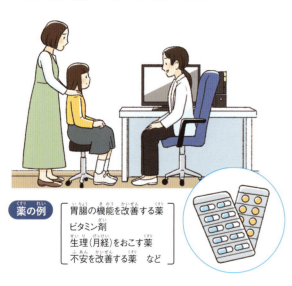

薬の例
- 胃腸の機能を改善する薬
- ビタミン剤
- 生理（月経）をおこす薬
- 不安を改善する薬　など

●食事指導
拒食症の場合は、栄養失調から回復するための食事指導を受けます。過食症の場合は過食の回数をへらすため、3度の食事と間食の時間を決め、生活リズムを整えます。

●カウンセリング
専門家によるカウンセリングで、心の問題に向きあう力をのばします。

●入院
体重が標準体重の70％以下しかないなど、状態がきわめて危険な場合には、生命維持のために、医師が入院治療の提案をします。

●薬物治療
摂食障害そのものを治す薬はなく、心身の状態に合わせて、補助的に使います。

医師との信頼関係を築こう

拒食症の場合、治療をスタートしても、患者本人が栄養をとることをいやがるときなどは、治療がすすまないことがあります。病気の典型的な症状であり、しかたのないことですが、本人と医師との間に信頼関係ができると、「この先生のいうことなら聞いてみよう」と、治療に前向きな気持ちが出てきます。

安易に転院するのはよいことではありませんが、どうしても治療方針が理解できない、信頼関係が築けない場合は、相性のよい先生をさがす努力をするのも選択肢のひとつです。

なによりも、本人が「自分は病気だ」と認めて、治そうと決意することが大切だよ。

周囲のサポートを受けながら……

通院治療時や退院後は、病院と学校、家庭で連絡をとりあいながら、本人を支えます。

摂食障害を、本人だけで克服するのは大変です。また、本人と家族だけでは治療がうまくいかず、家族の関係が悪くなることがあります。治療に時間がかかるため、周囲のサポートを受けながら、あせらず治療をつづけることが大切です。

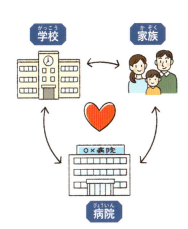

自助グループでの治療

患者を支える家族のための家族会もあるよ。

NABA（ナバ）、OA（オーバーイーターズ・アノニマス）など、摂食障害の患者のための自助グループがあります。自助グループには、過去に摂食障害だった人、現在治療中の人など、摂食障害の経験者が集まっています。グループに参加し、ほかの人の話を聞いたり、自分の話をしたりすることで、病気を克服していく力を得ることができます。

自助グループに参加するメリット
- 同じ病気の仲間ができ、孤独感がやわらぐ。
- 治療法や対処法の情報交換ができる。
- 仲間に支えられることで、気持ちが安定する。
- 仲間を支えることで、自分が成長する。
- 回復した人の話を聞いて、治療への意欲が高まる。

自助グループや家族会は病院、精神保健福祉センター（→46ページ）に問い合わせると、紹介してもらえるんだって。また「摂食障害の理解とサポートのために」（→46ページ）というサイトには、摂食障害の患者さんの家族のサポートを目的とした、全国の摂食障害家族会の一覧がのっているよ。

●摂食障害の回復の目安
- 規則正しい食行動がとれるようになる。
- 健康な体重を維持できるようになる。
- 生理（月経）の周期が安定する。
- 体重・体形にとらわれなくなる。
- 学校生活や社会生活が送れるようになる。

摂食障害の人も支える家族も、自分の気持ちを話せる人や場所を見つけられるといいね。

もともと人とコミュニケーションをとるのが苦手な人は、こうした場所への参加がストレスになることも。少しでも合わないと感じたら主治医に相談しよう。

\ その後のクルミさんは…… /
少しずつ「やせる」ことから解放されていった

その後 クルミは
しばらく入院することに

心理士による
精神面での
サポートも受け退院

退院後は個人カウンセリングを受け

体調管理きちんとできてるね！

病院

養護の先生

保健室で食事しても大丈夫だよ

どう？

おいしい

家族

みんなが連携し

時間をかけて少しずつ回復していった

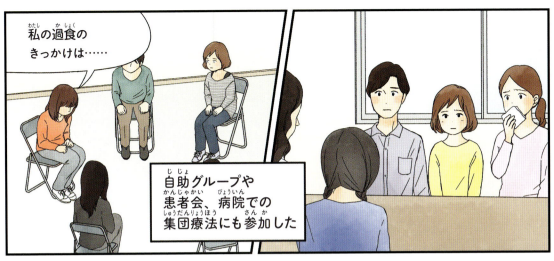

相談先一覧

もしかしたら自分は摂食障害かもしれない、あるいは家族や友だちが摂食障害かもしれない場合は、できるだけ早く病院で受診することが大切です。
ここで紹介している「相談先一覧」を見ながら、自分の状況に合わせて相談してみてください。

摂食障害の可能性がある場合

■摂食障害全国支援センター

摂食障害に関する正しい知識や摂食障害支援拠点病院リストの情報をポータルサイトより得られます。また摂食障害「相談ほっとライン」では電話相談もおこなっています。ホームページに摂食障害の当事者やその家族がよく経験する困りごと、それに対するアドバイスも紹介しているので、電話で相談する前に確認しておくとよいでしょう。

●摂食障害情報ポータルサイト（一般向け）
https://edcenter.ncnp.go.jp/edportal_general/
●摂食障害全国支援センター：相談ほっとライン
電話番号：047-710-8869
受付時間：火〜金曜日　9〜15時
（休日、年末年始、お盆休みを除く）
※電話をする前にサイト内の「よくある質問集（FAQ）」やリーフレットをよく読んでから相談してください。

■病院の小児科、内科、精神科など

まずは小児科や内科などを受診しましょう。摂食障害以外の別の病気が隠れていないかを診断します。生理（月経）不順などが見られる場合は、婦人科を先に受診してください。身体的な診断を受けたあと、精神科や心療内科などを受診するとよいでしょう。

■精神保健福祉センター

各都道府県および政令指定都市にあります。地域によって「こころの健康センター」など名称がちがう場合も。心の相談全般をあつかっており、相談料は無料。本人でなくても家族が相談することもできますし、地域の支援情報も得ることができます。ネットで「全国の精神保健福祉センター　厚生労働省」と検索すると、全国のセンターの住所と電話番号が調べられます。地域によって活動内容が異なるため、サイトや電話で、相談したい内容をあつかっているか事前に確認しておくとよいでしょう。

摂食障害の家族のことを相談する場合

摂食障害の理解とサポートのために

摂食障害の人への対応に悩んでいるかたに向けて、摂食障害の正しい知識やケアのコツ、全国の家族会や勉強会などの情報が紹介されています。また同サイトの「全国の摂食障害家族会リスト一覧」もダウンロードできるようになっています。

ホームページ：https://eatfam.com/

＊リストは、2012年実施の「摂食障害の家族会の全国調査」および2020年の再調査をもとにしています。参加を希望する場合は事前の情報収集と問い合わせをおこない、自身の判断で参加してください。一部（自助）とあるものは、摂食障害の家族等、当事者が運営する自助グループです。

「今のままの自分でいいな」と思えるようになったら、元気になってきた証拠だよ！

さくいん

あ

栄養素……10、12-13、18-19、20、23、25

栄養バランス……19、21、25

エネルギー(エネルギー源)……10-11、13、18、20-21、22-23、26、27、37

か

カルシウム……13、20、25

カロリー……7、23、24-25、37、39、41

間食……18-19、23、29、42

過食(過食症)……30、33、34、37、41、42、45

拒食(拒食症)……30、34、41、42

骨粗しょう症……13

骨量……13

さ

サプリメント(サプリ)……9、11

食事制限……10、12-13、32、34、36

脂質……20-21、24

食物繊維……12

食事指導……42

女性ホルモン……13、36

自律神経……27-28

自助グループ……43、45、46

睡眠……11、22、26、27-28、29

生活習慣病……11、24、26、37

成長曲線……14-15、16-17

成長ホルモン……28

た

摂食障害……30、32-33、34-35、36-37、38、39-40、41、42-43、46

精神保健福祉センター……38、40、41、43、46

摂食障害全国支援センター……40、41、46

体脂肪……13、17、19

体内時計……22

炭水化物……10、13、20-21、22、25、41

たんぱく質……12-13、20-21、25

単品ダイエット……10

ダイエット……5、8-9、10-11、12-13、14、18、27、30、32、34

鉄(鉄分)……13、20、36

糖質(糖分)……10、13、18、24、36

は

パーセンタイル……14-15

ビタミン……12、20-21、25

ビタミン剤……11、42

BMI(体格指数)……16-17

ホルモン……22、27、36

ま

無機質(ミネラル)……12-13、20-21、25

や

薬物依存……37

ら

リバウンド……11

監修

まつもととしひこ
松本俊彦

国立研究開発法人 国立精神・神経医療研究センター
精神保健研究所 薬物依存研究部 部長
同センター病院 薬物依存症センター センター長

1993年佐賀医科大学卒業。横浜市立大学医学部附属病院にて初期臨床研修終了後、国立横浜病院精神科、神奈川県立精神医療センター、横浜市立大学医学部附属病院精神科、国立精神・神経センター精神保健研究所司法精神医学研究部室長、同 自殺予防総合対策センター副センター長などを経て、2015年より現職。2017年より国立精神・神経医療研究センター病院薬物依存症センター センター長を兼務。
日本社会精神医学会理事、日本アルコール・アディクション医学会理事。
著書に、『自分を傷つけずにはいられない　自傷から回復するためのヒント』（講談社）、『薬物依存症』（筑摩書房）、『誰がために医師はいる　クスリとヒトの現代論』（みすず書房）、『世界一やさしい依存症入門』（河出書房新社）などがある。

編集制作：株式会社KANADEL
編集協力：菊池麻祐
装丁・本文デザイン：高橋里佳（有限会社ザップ）
マンガ：のはら あこ
キャラクター：石井里果
本文イラスト：小川かりん
校正：荒井 藍、澤田 裕

10代からのヘルスリテラシー　ダイエット・摂食障害

2024年12月20日　第1刷発行　　NDC498

監 修	松本　俊彦
発行者	中川　進
発行所	株式会社大月書店
	〒113-0033 東京都文京区本郷2-27-16
	電話(代表)03-3813-4651　FAX 03-3813-4656
	振替00130-7-16387　https://www.otsukishoten.co.jp/
印 刷	精興社
製 本	ブロケード

© Toshihiko Matsumoto, Otsuki Shoten Co., Ltd. 2024
本書の内容の一部あるいは全部を無断で複写複製（コピー）することは法律で認められた場合を除き、
著作者および出版社の権利の侵害となりますので、その場合にはあらかじめ小社あて許諾を求めてください
ISBN978-4-272-40759-0　C8337　Printed in Japan

10代からの ヘルスリテラシー

全**4**巻

- 薬物
- お酒・たばこ
- スマホ・ゲーム
- ダイエット・摂食障害